BIBLIOTHÈQUE DE LA PAIX

SOCIÉTÉ FRANÇAISE DES AMIS DE LA PAIX

LA VÉRITÉ SUR L'ARBITRAGE

DATES ET FAITS

PAR

Jules LEVALLOIS

AVEC UN AVANT-PROPOS PAR M. FRÉDÉRIC PASSY

Député, membre de l'Institut

PARIS

IMPRIMERIE ET LIBRAIRIE CENTRALES DES CHEMINS DE FER

IMPRIMERIE CHAIX

SOCIÉTÉ ANONYME AU CAPITAL DE SIX MILLIONS

Rue Bergère, 20

1885

LA
VÉRITÉ SUR L'ARBITRAGE

DATES ET FAITS

PAR

Jules LEVALLOIS

AVEC UN AVANT-PROPOS PAR M. FRÉDÉRIC PASSY

Député, membre de l'Institut

PARIS

IMPRIMERIE ET LIBRAIRIE CENTRALES DES CHEMINS DE FER

IMPRIMERIE CHAIX

SOCIÉTÉ ANONYME AU CAPITAL DE SIX MILLIONS

Rue Bergère, 20

1885

LA VÉRITÉ SUR L'ARBITRAGE

DATES ET FAITS

AVANT-PROPOS

Je ne mettrai que quelques lignes en tête d'un travail qui n'a que quelques pages.

L'honorable secrétaire général de la Société française des Amis de la Paix, M. Jules Levallois, en le préparant, et cette société, en le publiant, n'ont pas entendu donner un traité sur la question de l'arbitrage. De tels traités existent, et il suffirait de rappeler l'ouvrage de M. F. Seebohm, traduit il y a douze ou quinze ans déjà par le regretté M. Farjasse. Mais ces traités, par leur nature comme par leur étendue, s'adressent aux hommes d'étude; et c'est au public, en prenant ce mot dans le sens le plus large, qu'il est nécessaire de s'adresser. C'est à chacun, père ou mère de famille, si humble que soit sa condition, et d'autant plus qu'elle est plus humble, qu'il importe de faire savoir ce qu'il y a de vrai, de pratiquement et matériellement vrai, dans l'emploi de ces procédés d'arbitrage dont il entend plus ou moins vaguement parler et qui, s'ils devenaient d'un usage plus habituel et plus général, n'iraient à rien moins qu'à alléger dans une mesure considérable le fardeau des armements universels et à fermer, dans la plupart des cas, les plaies par lesquelles s'écoulent incessamment l'or et le sang des peuples.

La Société française des Amis de la Paix et son honorable secrétaire général ont pensé que la meilleure façon de répondre à ce besoin était de donner, en la réduisant à une simple énumération, sans réflexions et sans commentaires, la liste des principaux arbitrages réalisés depuis un siècle et celle des principales déclarations législatives qui recommandent l'emploi de ce moyen. Rien n'est, dit-on, brutal comme un fait ; nous croyons pouvoir dire, en cette circonstance : rien n'est instructif et consolant comme un fait. Qu'est-ce donc d'une collection de faits ?

Quand on aura lu, dans sa sèche et impérieuse simplicité, cette longue nomenclature de différends, et des plus graves, terminés à la satisfaction de tous par une sentence amiable ; quand on aura vu, dans tous les parlements d'Europe et d'Amérique, les hommes d'État les plus considérables successivement amenés par la force des choses à faire solennellement à la sagesse du monde civilisé un appel qui, quoi que l'on en dise, n'est pas demeuré inefficace, on sera bien contraint de reconnaitre qu'il y a là autre chose que le rêve honorable de quelques cœurs sentimentaux et de quelques esprits chimériques. Et l'on comprendra peut-être pourquoi l'auteur que nous citions tout à l'heure, M. F. Seebohm, a cru pouvoir dire en tête de son livre qu'il se croyait du nombre de ces hommes essentiellement pratiques qui ne s'occupent que des idées qui s'avouent et des choses qui se font. Il ne s'agit plus de faire entrer l'arbitrage dans les faits et de lui faire une place dans la loi des nations : il y est et sa place est grande. Il s'agit de constater le terrain conquis et de réclamer pour lui, au nom de ce qu'il a fait, une place plus large encore et le droit de faire davantage.

FRÉDÉRIC PASSY.

ARBITRAGES CONCLUS
Depuis 1783.

1783. Question de la rivière Sainte-Croix entre les États-Unis et l'Angleterre. La question est soumise à trois arbitres. Chaque nation en choisit un, et ces deux premiers désignent le troisième. Leur décision est adoptée.

1794. — Nouvel arbitrage entre les mêmes.

1803. — Cession par la France de la Louisiane aux États-Unis à la suite des pourparlers et des travaux d'une commission.

1818. — Un différend entre l'Espagne et les États-Unis est soumis à un arbitrage dont la sentence est ratifiée par les deux puissances.

1819. — La cession faite par l'Espagne de la Floride aux États-Unis est également amenée par arbitrage.

1831. — Conflit entre les États-Unis et le Chili à propos de lingots d'or qui avaient été capturés sur un vaisseau américain par un amiral chilien. Le roi Léopold Ier est choisi pour arbitre, et sa décision exécutée.

1832. — Des esclaves avaient été pris sur des vaisseaux anglais se trouvant en temps de paix dans la juridiction des États-Unis. Ceux-ci exigent une indemnité. La question est soumise à l'empereur de Russie qui accepte l'arbitrage et qui charge le comte de Nesselrode de s'entendre avec les plénipotentiaires des deux nations. Un arrangement est conclu à Washington et satisfait à toutes les réclamations.

1832. — Le roi Léopold Ier est choisi pour arbitre dans un conflit entre l'Angleterre et les États-Unis, à propos des limites de l'État du Maine. Sa décision, qui d'abord est rejetée, finit par être acceptée plusieurs années après et l'affaire est définitivement réglée.

1834. — Un important triomphe est dû à l'arbitrage. Par le traité de Vienne après la bataille de Waterloo, la Belgique et la Hollande formèrent un seul État, le royaume des Pays-Bas. Mais des conflits s'élevèrent entre eux et le roi des Pays-Bas, peu confiant dans la force des armes, en appela aux Gouvernements de la Grande-Bretagne, de la France, de la Russie et de l'Autriche, dont la décision, en une conférence qui eut lieu à Londres, assura la paix de l'Europe en rendant aux Belges et aux Hollandais leur indépendance respective.

1835. — La flotte française avait capturé sur la côte de Portendic des vaisseaux anglais; les propriétaires de ces vaisseaux ayant élevé des réclamations, le différend fut soumis au roi de Prusse, Frédéric-Guillaume IV, qui arrangea l'affaire équitablement.

1838. — Conflit entre l'Angleterre et l'Amérique toujours à propos de l'État du Maine. C'est à ce moment que l'on s'entend définitivement et que lord Ashburton, pour les Anglais, et M. Webster, pour l'Amérique, se soumettent aux décisions de la commission.

1839. — Difficultés entre les États-Unis et le Mexique. Une commission de quatre membres est nommée, et en 1853, par décision des rois de Hollande et de Prusse, un traité est conclu.

1850. — Accord par arbitrage entre le Portugal et les États-Unis.

1853. — Affaire des obligations de la Floride, Mac-Leod, etc. Aucun cas d'arbitrage n'a eu autant de succès. Des dommages-intérêts ont été accordés dans plus de trente cas.

1855. — Différend entre l'Angleterre et les États-Unis à propos d'un traité pour la construction du canal Darien. Lord Clarendon proposa de soumettre la difficulté à l'arbitrage. Le ministre des États-Unis à Londres, M. Dallas, finit par arranger l'affaire.

1855. — La question des Bouches du Danube est réglée par un arbitrage des puissances européennes. Cet arbitrage a constitué une sorte de Gouvernement qui siège encore aujourd'hui à Ismaïla.

1856. — Conférence de Paris, le 23e protocole du traité de paix signé par l'Angleterre, la France, la Russie, l'Italie, l'Allemagne et la Turquie stipule que l'on aura recours à la médiation d'un État ami en cas de dissentiments entre l'une des puissances signataires et la Sublime Porte. Plus de quarante puissances ont adhéré à cette clause.

1857. — Des coups de fusil avaient été déjà échangés entre la Suisse et la Prusse à cause de l'affaire de Neuchâtel lorsque la décision arbitrale du Gouvernement français rétablit la paix.

1858. — Le roi des Belges arrange à l'amiable une affaire entre le Chili et les États-Unis.

1859. — Une commission nommée par le Paraguay et les États-Unis rétablit la paix entre ces deux Gouvernements.

1860. — Une commission apaise les dissentiments qui s'élevaient entre la Nouvelle-Grenade et les États-Unis, et entre ceux-ci et Costa-Rica.

1863. — Le roi des Belges arrange un différend survenu entre les États-Unis et le Pérou. Il arrange également une affaire survenue entre l'Angleterre et le Brésil, à propos d'une querelle où étaient mêlés des officiers de la marine anglaise et de la marine brésilienne.

1864. — Affaire du détroit du Puget entre l'Amérique et l'Angleterre. Une commission arbitrale la règle pacifiquement en 1869.

1864. — Difficultés entre les États-Unis et la république de l'Équateur, et aussi entre les premiers et la Colombie. L'arbitrage les termine pacifiquement.

1867. — Menace de conflit entre la Prusse et la France. Celle-ci demandait le grand-duché de Luxembourg comme compensation des conquêtes faites par la Prusse en Danemark et en Autriche. Lord Stanley proposa qu'une commission, qui s'assemblerait à Londres, traitât la question. La conférence décida que la forteresse de Luxembourg serait démantelée et la neutralité du duché garantie par tous les signataires du traité.

1867. — Accord par arbitrage entre la Turquie et la Grèce.

1871. — Affaire de l'*Alabama* entre l'Angleterre et les États-Unis. Elle fut soumise à un arbitrage composé de cinq membres appartenant à cinq Gouvernements : États-Unis, Angleterre, Suisse, Italie et Brésil.

Le tribunal s'assembla à Genève et conclut en faveur des États-Unis auxquels l'Angleterre dut payer une somme de 62,800,000 livres sterling.

Par un semblable traité fait à Washington il fut convenu que les autres différends seraient soumis à un arbitrage de trois membres. Enfin la question de la pêche du Canada dut être arrangée par une commission également de trois membres nommés par l'Angleterre, les États-Unis et l'empereur d'Autriche.

La dernière question, à propos des limites du San-Juan, fut résolue par l'empereur d'Allemagne.

1874. — Menace de conflit entre l'Italie et la Suisse pour une question de frontières. L'ambassadeur des États-Unis à Rome jugea la question en faveur de l'Italie et sa décision fut acceptée par la Suisse.

1875. — Différend entre la Grande-Bretagne et le Portugal à propos d'une possession sur la côte d'Afrique.. Il est soumis au maréchal de Mac-Mahon dont la décision en faveur du Portugal est acceptée par la puissance adverse.

1876. —. Une querelle qui menaçait de devenir dangereuse, entre la Chine et le Japon, à cause des excès commis par des Chinois contre des Japonais dans l'île de Formose, fut heureusement apaisée par la médiation de Sir Thomas, représentant de l'Angleterre à Pékin.

1877. — Une question de limites, entre le Schah de Perse et l'Émir de Caboul, est résolue à l'amiable par deux généraux anglais.

1879. — L'ambassadeur d'Italie à Washington fait acte d'heureux arbitrage dans une question d'indemnité réclamée par des citoyens américains résidant à Cuba, pour des vexations qui leur avaient été infligées lors de la dernière guerre civile de cette île.

1879. — L'empereur d'Autriche résout une difficulté entre la Grande-Bretagne et le Nicaragua.

1880. — Certaines réclamations entre Français et Américains, qui prétendaient avoir été lésés lors de la prise de Mexico en 1864, semblaient s'envenimer, lorsqu'une commission de trois membres nommés par l'Amérique, la France et le Brésil vint tout apaiser.

Les délais n'ayant pas suffi, les pouvoirs des commissaires furent deux fois prolongés par les Gouvernements.

1881. — Le Gouvernement du Nicaragua avait fait saisir un vaisseau français qu'il accusait de contrebande de guerre en faveur de la révolution qui avait éclaté dans cet État. Le consul français demandait une réparation.

Le Gouvernement de Nicaragua proposa un arbitrage que la France, à son honneur, accepta. L'affaire fût portée devant la Cour de cassation de Paris qui donna gain de cause à la France. Le Nicaragua se soumit et paya l'indemnité.

1881. — Une difficulté survient entre le Chili et la Colombie à propos de munitions de guerre apportées au Pérou. L'affaire est soumise à l'arbitrage du Président des États-Unis, qui donne tort à la Colombie et sa décision est respectée.

DÉLIBÉRATIONS ET RÉSOLUTIONS

Gouvernementales et parlementaires relatives à l'arbitrage.

1779. — M. Adam, au nom de l'État de Massachusetts, écrit au Congrès, tenu à cette époque à Washington, et exprime le vœu formé par la population pour que des assemblées arbitrales règlent pacifiquement les différends qui peuvent survenir entre les diverses nations.

1835. — Une pétition est présentée au corps législatif de l'État de Massachusetts exprimant le désir qu'il soit établi un congrès de nations pour régler à l'amiable leurs querelles. La pétition est accueillie.

1838. — M. Legaré, membre de la Chambre des représentants aux États-Unis, s'exprime ainsi au Comité des Affaires étrangères : « La Chambre émet le vœu qu'une puissance neutre constituant un Tribunal arbitral juge toute querelle ou différend survenu entre deux nations. »

1849. — M. Cobden prie la Reine de vouloir bien appuyer auprès de son secrétaire des Affaires étrangères une adresse du Parlement britannique, qui aurait voulu voir prendre par l'Angleterre l'initiative d'une demande aux Gouvernements touchant le règlement des querelles par l'arbitrage.

La même année, un semblable vœu est exprimé dans le Parlement français. La proposition est approuvée en principe ; mais le Ministre des Affaires étrangères ne croit pas que le moment soit opportun encore pour y donner suite.

1851. — M. Foote, président du Sénat des États-Unis, exprime le vœu que dans les relations des États américains avec les autres puissances, il soit entendu qu'une assemblée d'arbitres jugera à l'amiable les différends plutôt que d'avoir recours à la guerre.

1853. — M. Underwood, président de la même Chambre, soutient dans un long et éloquent discours une semblable thèse.

1868. — Dans un traité entre sir John Bowring, plénipotentiaire du roi de Siam, et le baron Hochschild, plénipotentiaire pour le roi de Suède et de Norwège, il est dit qu'en cas de grave dissentiment entre les deux souverains ou leurs sujets, on ne ferait point appel aux armes, mais à l'amical arbitrage d'un pouvoir neutre.

1868. — La même clause fut mentionnée dans plusieurs traités négociés par sir John Bowring, savoir : entre la Belgique et le Hanovre, entre l'Italie et la Suisse, entre la Belgique et le royaume de Siam, entre l'Espagne et l'Uruguay, entre l'Espagne et Hawaï.

1873. — M. Henry Richard, dont on connaît l'infatigable zèle pour la cause de la paix, obtient de la Chambre des Communes une adresse à la Reine pour qu'il lui plaise d'engager son Ministre des Affaires étrangères à entrer en négociations avec toutes les puissances, afin qu'il soit établi un arbitrage international permanent.

Le 24 novembre de la même année, le Parlement italien vota à l'unanimité la proposition Mancini sur le même sujet.

1874. — La Chambre des représentants siégeant à Washington, sur la motion de M. Woodfort, a émis une proposition tendant aux mêmes résultats.

La même année, une semblable motion est adoptée dans le Parlement des Pays-Bas sur l'initiative de MM. Van Eck et Bredius.

Cette année encore, sur la proposition de M. Jonas Jonasson, la Diète de Stockholm adopte cette proposition : qu'une adresse sera présentée au Roi pour prier humblement Sa Majesté d'intervenir en faveur de l'établissement d'un arbitrage ayant pour but de régler à l'amiable les querelles des nations entre elles.

1875. — La Chambre des députés de Bruxelles, sur la motion de MM. Couvreur et Thonissen, adopte par quatre-vingt-une voix contre deux la proposition de l'arbitrage substitué à l'emploi de la force. Quelques jours après, le Sénat ou Chambre haute de Belgique, après avoir entendu le comte d'Aspremont-Lynden, Ministre des Affaires étrangères, ratifie à l'unanimité la résolution prise par la Chambre des députés.

En mars de cette année, les Chambres canadiennes donnent aussi leur assentiment à la pratique de l'arbitrage.

1878. — Sur la proposition de M. Mancini, Ministre de la Justice, les Chambres italiennes décident qu'une clause en faveur de l'arbitrage sera insérée dans tous les traités et toutes les négociations commerciales qui auront lieu entre l'Italie et les autres nations. En exécution de ce vote, ladite clause a déjà été introduite par M. Mancini et le Gouvernement italien dans vingt-quatre traités.

1878. — M. Sigaud, avocat à Nîmes, présente à la Chambre des députés une pétition en faveur de la création d'un arbitrage international. La pétition est envoyée au Ministre des Affaires étrangères, qui est chargé de déterminer le moment opportun où cette idée pourra être lancée avec chance d'être adoptée et réalisée par les puissances.

Le 20 décembre 1882, le congrès des États-Unis a pris la résolution suivante dont voici l'exacte teneur :

« Il est résolu par le Sénat et la Chambre des représentants composant le Congrès (les deux tiers de chacune des Chambres prenant part au vote) que le Président des États-Unis est, par la présente, autorisé et invité à négocier avec toutes les puissances civilisées qui consentiront à entrer en négociations, pour l'établissement d'un système international, par lequel les questions surgissant entre les Gouvernements ayant accepté ledit système pourront être résolues par l'arbitrage, et, si possible, sans recours à la guerre. »

IMPRIMERIE CHAIX, RUE BERGÈRE, 20, PARIS. — 17364-5.